Tiago Fappi

História da

Família Ferlin

Leipzig

2019

https://documentosantigos.webnode.pt/

Copyright @Tiago Fappi

Produzido na Alemanha

Leipzig, 2019

FAPPI, Tiago. *História da Família Ferlin* Edição do autor.
Leipzig.2019.

História, Genealogia, Brasileiros, Imigração

Ao meu amigo Prof. Mario Notari

PAX
TIBI
MAR
CE
EVA
NGE
LISTA
MEVS

Indice

Introdução

O meu interesse pela história da imigração começou quando eu era ainda uma criança. Sempre que eu visitava meu avô em Taboão da Serra (SP) eu me encontrava com minha bisavó, Giuditta Catherina Ferlin, que não falava quase nenhuma palavra em português. Eu tinha apenas seis ou sete anos de idade e ela quase noventa, mas ela sempre falava qualquer coisa comigo e depois eu tinha que pedir para minha avó ou avô para que traduzissem a conversa. Depois que ela faleceu o tema "imigração" ficou de canto e só fui me preocupar novamente com o tema quando comecei buscar o reconhecimento da minha segunda cidadania. O tema foi tão importante na minha vida que acabei me formando em história (me formei em 2009), aprendi italiano, fui para a Itália representar o Brasil em um congresso em 2008, adquiri a cidadania italiana e, desde então, a minha proximidade com a terra dos meus antepassados só cresce a cada dia.

Agora, trinta anos depois do falecimento da minha bisavó Giuditta Ferlin, acredito que posso apresentar alguns traços interessantes sobre a história desta família da qual eu também descendo. Obviamente que muitas informações podem estar incompletas ou até mesmo erradas, no entanto, apenas compartilhando as informações poderei alcançar mais descendentes dos mesmos imigrantes dos quais eu descendo para, assim, enriquecer ainda mais a pesquisa. O texto é baseado em muitas informações colhidas de documentos de cartórios, igrejas, genealogias e livros diversos. Acrescentei muitas fotografias que encontrei perdidas nos álbuns de fotos da minha avó – algumas fotografias são bem antigas. Eu acrescentei ainda o máximo de informações possíveis respeitando o limite de indicar apenas as pessoas já falecidas – com algumas exceções – evitando assim expor pessoas ou muitas informações pessoais. Espero que você, leitor, aprecie este pequeno trabalho que demorou anos de pesquisa para ser realizado. Boa Leitura.

Tiago Fappi

Leipzig, 2019

A região do Vêneto

Para começar nossa conversa preciso antes falar um pouco sobre a história do Vêneto, situado ao norte da Itália. Essa região sempre foi ocupada por pessoas de tradição agrícola e mercantil. Por muitos anos, e quando digo muitos é porque foram muitos mesmo, essa região foi governada pela república mais longa de toda a história, a Sereníssima República de Venezia. A Sereníssima, como é popularmente conhecida entre os vênetos mais saudosistas, perdurou do século VII até a invasão napoleônica do Vêneto em 1797. [1]

O porto de Venezia foi por muitos séculos um grande canal de comunicação da Europa com a Ásia e por lá entrava muito do que se consumia no continente. A Sereníssima República de Venezia tinha uma tropa bastante desenvolvida e possessões ao longo de todo mar Adriático, tendo tido até mesmo possessões no Mediterrâneo. Financiou as cruzadas de certo modo, tendo inclusive usufruído dos saques, como por exemplo relíquias e o próprio suposto corpo de São Marcos, roubados em Alexandria por mercadores venezianos. [2]

No ano de 1796 a Sereníssima República de Venezia, com suas atrasadas forças militares, não tinha a menor chance de se defender do exército de Napoleão Bonaparte que, por fim, invadiu a República no

---

[1] - Existem divergência com relação a fundação da Sereníssima República de Venezia, pois alguns defendem que sua fundação se deu no Séc.VII (ano 697) pois é o ano da eleição do primeiro Doge dos Venetos independente do Império Bizantino e outros defendem o inicio no séc.IX (ano 810) quando os venetos mudam a capital de Eraclea para Venezia. fonte: www.wikipedia.com

[2] - Para guardar as relíquias foi construída uma das mais famosas igrejas da Europa, a Basília de São Marcos, em Venezia.

final deste mesmo ano. Parte do território ficou ocupado pela França e a outra parte pelos austríacos. Com a derrota dos franceses, em abril de 1797, os austríacos anexaram todo o território. Insurreições nacionais foram acontecendo em menor e maior escala, tentando restaurar a antiga república e libertá-la da ocupação da Áustria.

República di Venezia em 1796. Fonte. Wikipedia

Desta forma o Veneto acabou sendo envolvido num jogo de disputas entre o império austríaco e a Casa di Sabóia, os monarcas do Piemonte. A unificação da Itália vinha se desenvolvendo em ritmo lento até pelo menos 1860. A Áustria aceitou ceder o Vêneto aos piemonteses, no entanto, era necessário que fosse feito uma consulta popular. A casa de Sabóia realizou um plebiscito que contou com a participação de cerca de 500 votantes, para todo o Veneto, e assim, ilegalmente, anexou o Veneto ao Reino da Itália.

A unificação trouxe a ruína ao Veneto, a unificação das economias, agrárias, industrial e aquelas pouco desenvolvidas gerou a falta de alimentos, altos índices de desemprego e a miséria em toda a região norte. Para o rei Vittorio Emanuel II aquela grande massa desempregada, profundamente rural, não tinha outro caminho senão emigrar. Foi neste ínterim que a solução mais fácil lhe surgiu, promover a imigração.

No Brasil a disseminação do pensamento liberal, o crescimento dos movimentos abolicionistas, a proibição da comercialização de escravos, a lei do ventre livre e outras medidas apontavam para o fim da escravidão. Isto encorajou grandes produtores de café a importarem imigrantes europeus para substituírem a mão de obra escrava de suas fazendas. Desta forma o Império do Brasil, governado por Dom Pedro II, e o Império da Itália, firmaram um acordo de colaboração de mão de obra. Sendo assim a casa de Sabóia mandou um milhão e meio de Vênetos, Friulanos e Lombardos para que morressem de fome no Brasil.[3]

A conjuntura política do Brasil entre os anos de 1884 a 1890 não foi muito estável. Os republicanos, os liberais, os monarquistas e outros,

---

[3] - A imigração se destinou também para Argentina, Europa, América do Norte, Austrália e Suíça, sobretudo. Os Venetos foram maioria, mas se inclui ai também alguns italianos do sul. A imigração começou em 1875 e foi terminar apenas com a primeira guerra mundial e a ascensão do Fascismo na Itália.

se digladiavam. A escravidão estava chegando ao fim, sendo definitivamente abolida em 13 de maio de 1888. No ano seguinte a monarquia brasileira sofreria um duro golpe e em 15 de novembro de 1889 seria definitivamente abolida com a proclamação da república. Mas antes de continuarmos tenho que falar um pouco do sul do Brasil, onde as colônias prosperavam.

Os territórios do sul, no que compreende as colônias no Paraná, Santa Catarina e Rio Grande do Sul, foram ocupadas de modo a preencher um espaço vazio. A monarquia brasileira tinha compreensão de que o território era vasto demais e temia perder territórios para os Argentinos, Paraguaios ou outros. Desta forma, surgiu a ideia de colonizar estes espaços, constituídos principalmente por florestas densas onde, em alguns lugares, nem mesmo os índios chegaram.

É bastante notável a relação da monarquia brasileira com as monarquias europeias e também por este motivo os colonos eram majoritariamente europeus. Dom Pedro I foi casado com Dona Leopoldina, filha do imperador da Áustria, a segunda esposa, Tereza de Bourbon, filha do rei das duas Sicilias e também, por procuração, ainda se casou com Amélia de Beauharnais, princesa da Baviera. Acredito que isso explica porque os primeiros colonos a ocupar o sul foram os alemães, ainda em 1829 nas colônias de São Leopoldo. Já o filho de Dom Pedro I, Dom Pedro II, teve uma política de colonização mais aberta e trouxe italianos, portugueses, franceses, alemães, espanhóis e outros em menor escala.

As colônias do Rio Grande do Sul prosperavam, embora os relatos dos representantes diplomáticos fossem bastante tristes. O

Estado Monárquico Italiano não enviava qualquer ajuda aos seus cidadãos e o Estado Brasileiro fornecia o mínimo como sementes, algumas ferramentas e as terras divididas em lotes.[4] A comunicação entre as colônias era ruim, não havia estradas boas para escoar a produção, não havia médicos suficientes, escolas eram poucas – quase todas italianas – e por vezes ainda faltavam os demais proventos para uma vida sem escassez. No entanto, o que mais atraía os colonos para a região é que lá não haviam patrões, lá poderiam eles próprios, em suas terras prometidas pelo Estado, construir sua própria sorte com suas famílias – e não mais em terras arrendadas como na Itália onde eles tinham que produzir e entregar a maior parte da produção aos donos das terras. Além disso, milhares de italianos ocupavam a região, era difícil encontrar um que não fosse italiano ou filho de italianos. Os brasileiros ou imigrantes de outras nacionalidades que lá viviam tiveram que apreender a língua veneta para se comunicar. Lembrando que as colônias alemãs ficavam mais ao litoral e as colônia italianas mais concentradas no nordeste do Rio Grande do Sul.

Mas, em meio a tantas informações onde entra a história da família Ferlin ? Isso é o que veremos agora.

---

[4] - Terras estas que deviam ser pagas com prazos flexíveis.

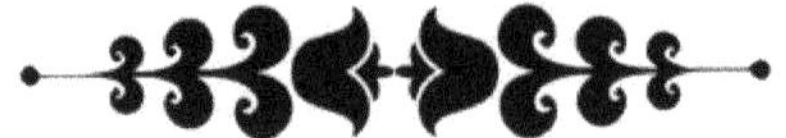

A história da família Ferlin

A história da família Ferlin é muito curiosa e vou contar o porque. Eu, por diversas vezes, me deparei com este sobrenome, o que me leva a crer que é muito popular em todo o mundo. Já encontrei Ferlin's em São Paulo, Ferlin's do Espírito Santo, Ferlin's de Minas Gerais e mesmo em Osasco, São Paulo, mas nenhum deles tem qualquer ligação conosco.

Descobri também que o nome Ferlin não pertence exclusivamente a Itália pois tem também forte presença na França. No entanto eu não acredito na ligação entre as duas famílias e vou explicar o porque mais adiante. Como sabemos – ou podemos supor – os sobrenomes geralmente eram herdados do nobre proprietário das terras onde a família residiu. Era uma prática comum na idade média adotar o sobrenome da região onde se vivia, seja do senhor das terras ou também de outras pessoas que nela habitavam. Também há casos em que os sobrenomes vinham da profissão do sujeito (ex.Barbieri, Castaldi, etc) , em outros casos o nome do pai ou avô se tornava o sobrenome (ex. Di Pietro, Di Antonio, etc.) como também de apelidos que nele eram colocados, (ex. Testa, Passarini, Longo, etc).

Brasão da família Ferlin pela empresa

Benzi Sobrenomes

Brasão da família Ferlin enviado

gentilmente por Edson Pedro Ferlin

Eu conversei com um especialista italiano sobre a origem deste sobrenome e obtive a seguinte definição :

FERLIN

Muito raro, provém da região do Veneto, apresentando indivíduos entre o Rovigo e Treviso, com ramos secundários na Lombardia. Deveria derivar do apelido e, em seguida, sobrenome medieval Ferlinus, provavelmente trazido pelo progenitor. A título de exemplo, mencionamos um notário, como <u>Guglielmo de Piperellis "di Giovanni Antonio"</u> conhecido como <u>Ferlinus</u> de Chiavenna, (de Giovanni que significa filho de Giovanni) que operou entre o final dos anos 1500 e o início dos anos 1600. Esse apelido derivado da moeda ferlino, por sua vez, da antiga "alta feordha alemã" (moeda alemã de um quarto) e que representava um quarto do dinheiro, com uma etimologia, portanto, semelhante ao quattrino(¼). O ferlino ou ferling também era um tipo de moeda de chumbo que era dada como uma marca aos trabalhadores para dar-lhes o direito de receber o pagamento, portanto, por extensão, o apelido do ferlino também poderia indicar alguns trabalhadores não qualificados ou, em qualquer caso, pertencentes a um valor baixo, força de trabalho, etc. (analise feita por Mr. Mainagioia)

Levando em consideração que o sobrenome Ferlin está presente na França e na Itália vamos partir diretamente do ponto que nos interessa, de onde vem os nossos Ferlin ? Conforme vou descrever abaixo, eu descendo de uma família Ferlin, todos nascidos na Itália, portanto, italianos e não franceses.

A família Ferlin

O Ferlin mais antigo do qual temos notícia se chamava **Giovanni Ferlin** e nasceu por volta de 1794, portanto nos últimos anos da República de Venezia, na cidade que hoje se chama Comune di Resana, província de Treviso. Giovanni Ferlin se casou com Tereza Lorenzin em 29 de outubro de 1819 na igreja de San Bartolomeo Apostolo na própria cidade de Resana.

Deste matrimônio certamente nasceram muitos filhos, como era costume na época, no entanto, não consegui até o momento mais informações. Durante a pesquisa na Itália a minha relação com o pároco de Resana à época, (Don Giuliano Comelato) não foi fácil. O pároco queria somas enormes de dinheiro para pesquisas mais profundas e por isso só me foi possível adquirir poucas informações. No entanto, futuramente eu pretendo, assim que me for possível, visitar Resana para uma pesquisa na paróquia.

De qualquer forma um dos filhos deste casal, aquele do qual descendemos, chamado **Antonio Luigi Ferlin** nasceu na data de 18 de março de 1831 na mesma cidade de Resana e também foi batizado na na igreja de San Bartolomeo Apostolo. Deste filho temos muito o que falar. A vida não lhe foi nada fácil e viu a morte de perto numa das batalhas mais sangrentas daquele tempo. Sua história só chegou até nos graças ao padre Claudio Mascarello, neto de Antonio Ferlin e que com ele conviveu na infância.

Em seu livro "Mãe Exemplar" (1954 e 1974), no qual faz uma homenagem à sua mãe, Maria Luisa Ferlin, o Pe. Mascarello conta a história do avô e sua participação na Batalha de Solferino.

Igreja de San Bartolomeo Apostolo. Cidade de Resana, Itália. Fonte Google.

A Batalha de Solferino, ocorrida em 21 de junho de 1859, próximo ao comune italiano de Solferino, foi um combate decisivo da Segunda Guerra de Independência Italiana, resultante da invasão do Piemonte-Sardenha pelos austríacos em 1859. Essa batalha resultou na vitória das tropas francesas de Napoleão III e Sardo-Piemontesas de Vítor Emanuel II sobre o exército austríaco comandado pelo imperador Francisco José I da Áustria (Franz Joseph).

Mais de 200 000 soldados lutaram nessa importante batalha, a maior desde a Batalha de Leipzig, em 1813. Nessa batalha lutaram aproximadamente 100 000 soldados da Áustria contra 118 600 soldados franco-piemontesas.

Esse confronto foi entre os austríacos, que marcharam sobre o Norte da Península Itálica, e as forças franco-piemontesas, que se opuseram ao avanço austríaco. A batalha foi particularmente dura, durando mais de nove horas e resultou na destruição de mais de 3 000 tropas austríacas, com 10 807 feridos e 8 638 desaparecidos ou capturados. As tropas aliadas também sofreram muitas baixas, com 2492 mortes, 12 512 feridos e 2 922 capturados ou desaparecidos. Notícias de soldados feridos de ambos os lados sendo baionetados ou baleados adicionou horror à batalha. No final, as forças austríacas foram forçadas a entregar suas posições e a aliança franco-piemontesa ganhou uma estratégica, mas custosa, vitória. A batalha teve uma consequência de longo prazo no futuro da condução de ações militares. Henri Dunant, que testemunhou a batalha em pessoa, foi motivado pelo horroroso sofrimento de soldados feridos a abandonar os campos de batalha e iniciar uma campanha que resultaria na Convenção de Genebra e na fundação da Cruz Vermelha.[5]

Assim o Pe. Claudio Mascarello descreveu a participação do avô nesta terrível batalha :

---

[5] - Fonte Wikipedia.

Na juventude, quando ainda na Itália, ele viu a morte ! Mas como ? Vou contar-vos.

Foi na grande e célebre batalha de Solferino, pelo ano de 1860. Naquele tempo Antonio, jovem intrépido e bom, era soldado. A Itália estava em guerra contra a Áustria. Chegara o dia dessa batalha, dia decisivo para Antonio. Ele devia entrar em combate, escalando um monte. Lá encima estavam os inimigos. As balas, do alto varriam todos os que tentavam subir pelas encostas ! Ouvia-se, então, a voz do comando : “Salve-se quem puder!” Já vários assaltos haviam sido baldados. Chegou a vez de Antonio : pelas três horas da tarde, seu batalhão devia atirar-se ao monte acima ! Que faz Antonio ? Vai de madrugada à igreja, confessa-se, comunga, manda rezar uma missa e, de volta ao quartel, está disposto a tudo : Nas mãos de Deus! “Será como Deus quiser!”

No Almoço, os companheiros, de tão nervosos, nem queriam comer. Antonio, porém, já preparado em sua alma, lhes dizia decidido : “Daí-me cá a vossa ração! Pois não sei quando tornarei a comer!”

Soou a trombeta : “Batalhão, atacar!” Avançam morro acima,é a hora suprema : vencer ou morrer !

Repentinamente, as grossas nuvens que cobriam o azul do céu desabaram : uma chuva terrível, com vento impetuoso, caiu ! ... e caiu sobre os pobres austríacos que, cegos pela chuva contrária, atiravam a esmo, sem acertar o alvo! As balas zuniam à direita e à esquerda de Antonio. Caíam companheiros gritando : “Antonio, socorro! Socorro, Antonio !”

"Sim, respondia ele, mas só depois, se Deus quiser" e avançava firme, cumprindo o dever de soldado fiel! Travou-se a luta corpo a corpo, à baioneta! As balas lhe varavam o chapéu, a calças! ... Zuniam-lhe bem rente aos ouvidos! ... E a batalha foi terminando noite a dentro, mas galgaram o monte e Antonio ficou, como por milagre, sem ferimento algum!. Sempre que vovô nos contava este fato dizia "Milagre de Deus! Naquele dia nasci de novo!"

Assalto della Torre durante la battaglia di Solferino (Assalto da torre durante a batalha de Solferino). Fonte www.maremagnum.com

Terminado o serviço militar, voltou ele para sua casa. Mas veio transformado. Já não era aquela alegria expansiva dantes,era reservado, ajuizado, muito recolhido com Deus; após o trabalho vivia todo o tempo livre na igreja ou rezando em casa. Quando os companheiros e os da família lhe perguntavam por que fazia isso, respondia-lhes, com aceno amável de voz : "É que eu vi a morte! Não estamos neste mundo para ficar sempre aqui. Temos de nos preparar para o céu".(...) dois anos depois desposou-se com Antonia Bernardi, moça piedosa do lugar. Viveram ali 18 anos uma vida santa, vida de trabalho e oração. Nasceram-lhe sete filhos, sendo eles : Luiz, Valentim, Judith, Ester, Irineu, Maria Luiza, Pierina e João." (Pe. Mascarello. Versão de 1974, pag. 11 a 13.)

Como bem descreveu o Pe. Mascarello o casamento de Antonio Ferlin com Antonia Bernardi aconteceu cerca de dois anos após o final da batalha de Solferino, portanto por volta de 1861. Ela, que na verdade se chamava **Giovanna Antonia Bernardi**, nasceu também ali na região de Resana, por volta do ano de 1844, e era filha de Luigi Bernardi e Petronila Boeto. Do casamento nasceram os filhos :

Luigi Benvenuto Ferlin nascido em 19.12.1865, Resana, Treviso

Isidoro Valentino Ferlin, nascido em 05.08.1867, Resana, Treviso

Irineu Ferlin nascido em 1869, Resana, Treviso

Giovanni (João) Franco Ferlin nascido em ca. 1870, Resana, Treviso

Giuditta Petronila Ferlin nascida em 18.10.1874, Resana, Treviso

Maria Luiza Ferlin nascida em 23.05.1872, Resana, Treviso

Judith Ester Ferlin nascida em 00.03.1885, Caxias - Nova Trento

E continua o Pe. Mascarello :

Emigraram. Vieram ao Brasil no ano de 1880. Nesse tempo, Don Pedro II, nosso grande imperador de então, procurava "braços" para a colonização de nossas matas e campos desertos. Foram localizar-se neste estado (Rio Grande do Sul), em Porto Alegre. Subiram depois ao "Campo dos Bugres", hoje Caxias do Sul, e daí a Cerro Largo, perto do Rio das Antas, município de Nova Pádua. Nesse lugar construíram logo uma capela. Ali, desde o início, Antonio Ferlin exerceu durante toda a vida, até a morte – trinta e dois longos anos – o sagrado oficio de catequista. Fazia de capelão, autorizado pelo vigário, cuja sede ficava distante duas horas. Todos os domingos e dias santos rezava o terço com o povo. Na quaresma fazia a Via-Sacra. Cada domingo reunia a criançada e lhes explicava o catecismo, durante uma hora, e contava histórias da vida de Jesus. Eu mesmo tive ocasião de ouvi-lo várias vezes em 1908 e 1911.

Antonio Ferlin era por isso tido, pelo bom povo, em grande consideração. (...) seu prestigio entre os colonos se impunha naturalmente. (...) profunda impressão causou-me tão grande espírito de religiosidade e de exatidão nas coisas da religião (...) dizia-nos ele no catecismo "gosto de música e de canto! Ora, no céu há música e os anjos cantam Glória a Deus! E por isso eu gosto do céu. Eu quero ir ao céu também por este motivo particularíssimo! Eu quero lá ouvir eternamente o canto e a música dos Anjos de Deus!

Nós olhávamos extasiados para o santo velhinho! Lembrando-me disto eu suspiro e digo "Agora que a ouves, vovô querido, vem contar-nos como é bela essa música do céu". (Pe. Mascarello, 1974).

Antonio Ferlin faleceu em Cerro Largo, Nova Pádua em 07 de fevereiro de 1910. Abaixo faço a transcrição de trechos do registro de óbito.

Aos oito dias do mês de fevereiro de 1910, neste quarto distrito de Caxias, em meu cartório compareceu Valentino Ferlin(...) natural da Itália (...) e declarou que no Travessão Serro Largo colônia número cinque[6] deste distrito, as quatro horas da tarde de ontem faleceu seu pai Antonio Ferlin, com setenta e nove anos de idade, casado com Antonia Bernardi, agricultor, natural da Itália e residente neste distrito, filho legítimo de Giovanni Ferlin e Tereza Lorenzin, ambos falecidos na Itália, tendo sido a causa da morte uma forte febre e sepultado no cemitério do travessão Serro Largo.

Assim faleceu Antonio Ferlin o pai desta numerosa família que emigrou do Veneto ao Brasil. Sua esposa ainda viveu alguns anos ao lado dos filhos e faleceu em 01 de julho de 1916 também em Serro Largo, em Nova Pádua, como atesta o óbito abaixo :

Aos dois dias do mês de julho de 1916, neste quarto distrito de Caxias (...) em meu cartório compareceu Valentino Ferlin (...) e declarou que

---

[6] - o número da colônia acabou sendo feito em italiano, o correto seria cinco.

(...) no travessão Serro Largo deste distrito, as duas horas da tarde de ontem em casa de sua residência faleceu sua mãe Giovanna Bernardi com setenta e dois anos de idade, viúva de Antonio Ferlin e filha legítima de Luiz Bernardi e Petronila Boeto, faleceu sem assistência médica e vai sepultada no cemitério do travessão Serro Largo, deste distrito.

Entrada de Nova Pádua, Rio Grande do Sul.

Capela no interior de Cerro Largo

Segundo o Padre Antônio Galiotto, a primeira igreja de madeira (de Cerro Largo), teria sido derrubada por um vendaval, pelo que então a Cúria de Porto Alegre autorizou a benzer uma nova igreja em 14.04.1918, o que nos sugere então, que a comunidade teria tido 3 igrejas contado com a atual. Na foto anterior vemos a capela no interior de Cerro Largo, RS. Endereço Travessão Cerro Largo, interior, Nova Pádua - RS, 95275-000 – Fonte Google. Fonte : http://banda-santa-cecilia.blogspot.com

Na próxima página um fotografia de toda a família Ferlin em Marau, RS. Ano aproximado de 1930. Ao centro Valentino Ferlin com seu filho Pe. Ferlin e sua esposa Maria Serafini. Ao seu lado os irmãos, os filhos com esposas/maridos e netos.

De Antonio Ferlin e Giovanna Bernardi ainda temos algumas informações de lotes como por exemplo :

Ferlin Antonio, lote 5 de 302.500m², quitado em 1894, casado com Antonia Bernardi, em 16.02.1886 sepultaram a filha Judith de 11 meses, em Nova Trento (fonte Povoadores fl. 410).

Dos Filhos de Antonio Ferlin e Giovanna Antonia Bernardi sabemos que todos se casaram no Brasil e tiveram muitos filhos. Agora vemos analisar cada um deles.

Genealogia dos filhos de

Antonio Ferlin e Giovanna Antonio Bernardi

Luigi Benvenuto Ferlin nasceu em data de 19.12.1865 na cidade de Resana, província de Treviso. Emigrou para o Brasil com seus país e se casou no Rio Grande do Sul, com a também italiana **Maria Dal Pozzo**, sendo ela nascida em 10 de janeiro de 1872, filha de Paolo dal Pozzo e Caterina Lorenzi e falecida em 17 de outubro de 1907. Deste casamentos são conhecidos os filhos :

Antonio Ferlin, nascido em 28 de abril de 1894 e falecido em 12 de julho de 1965 em Videira, SC, se casou com Eliza Maróstica, sendo ela nascida em data de 02 de setembro de 1899, filha de Andrea Maróstica, nascido em 24 de maio de 1869 na Itália, e Maria Conda, nascida em 25 de agosto de 1875 na Itália. O casamento de Antonio Ferlin e Eliza Maróstica ocorreu na cidade de Caxias do Sul em data de 04 de maio de 1918. Tiveram os seguintes filhos

     Galdencio Ferlin nascido em 1923 e falecido em1983
     Olinda Ferlin nascida em 1927
     Andre Ferlin nascido e falecido no ano de 1938

Luiz Ferlin nascido em 26 de maio de 1902 em Nova Pádua, RS, e foi casado com Luiza Balvedi. Casamento realizado em 05 de setembro de 1924 em Caçador, Santa Catarina. Deste casamento nasceram os filhos :

     Assunta Ferlin
     Maria Ferlin
     Luiz Ferlin

Brígida Ferlin, nascida em 14.08.1928 em SC foi casada com Arlindo Carelli e tiveram uma filha de nome Nadia

Romualdo Ferlin

Rogério Ferlin

Raimundo Ferlin

João Ferlin, nascido no Brasil. Não tive mais notícias

José Ferlin, nascido em Nova Pádua, Caxias do Sul, em 04 de abril de 1906, se casou com Maria Vauz, sendo ela nascida em 19 de abril de 1909 na cidade de Lagoa Vermelha, RS, filha de Francisco Vauz, italiano nascido em 23 de maio de 1872 e de Celestina Vauz, nascida no Rio Grande do Sul em 22 de maio de 1879. O casamento ocorreu na cidade de Videira em 11 de setembro de 1927. Deste casamentos nasceram filhos dos quais só conheço uma filha chamada Terezinha Ferlin nascida em 1928 em Videira e falecida em 11 de setembro de 1939 também em Videira, Santa Catarina. Tiveram os filhos

Terezinha Ferlin, nascida em1928 e falecida em 1939

Artisio Luiz Ferlin nascido em 1934 e falecido em1984

Rogerio Guido Ferlin nascido e falecido em 1938

Pedro Ferlin, nascido no Brasil. Não tive mais notícias.

Angelina Ferlin, nascida em 1900, em Nova Trento casou-se com José Scuzziato, ele nascido em 1898, no Rio Grande do Sul, filho de João

Scuzziato e Giuseppina Toldo, naturais da Itália. O casamento aconteceu na cidade de Nova Pádua, Caxias do Sul, em 18 de outubro de 1919.

Luiza Ferlin, nascida a 25 de março de 1897 em Nova Pádua, RS, casou-se com Angelo Scuzziato, filho de Giacinto e Angela Bernardi, em 18 de maio de 1918 na cidade em São Marcos, Rio Grande do Sul, . Luiza Faleceu em 30 de janeiro de 1980 em Videira, Santa Catarina. Tiveram os seguintes filhos :

Luiz Scuciato

Jacinto Scuzziato

Antonio Scussiato

Pedro Scuciato

Angelina Scuzziato

Henrique Scussiato

Maria Scuzziato

Joao Scuzziato

Jose Scuzziatto Sobrinho

Herminia Scussiato

Claudio Scussiatto

Vitoria Scuzziato

Ricieri Scussiato

Benedito Tomaz Scuzziato [7]

---

[7] - com a contribuição de https://ancestors.familysearch.org/en/LHG2-FVP/jose-ferlin-1909-1963

Luigi Benvenuto Ferlin faleceu em 03 de agosto de 1946 na cidade de Videira, Santa Catarina.

Assinaturas de Ferlin Luigi e Dal Pozo Maria. Nova Trento. 1901

Isidoro Valentino Ferlin. Marau. ca. 1930

Isidoro Valentino Ferlin, nasceu na cidade de Resana, província de Treviso em data de 05 de agosto de 1867. Assim como seu irmão mais velho foi no Rio Grande do Sul que conheceu sua esposa. Isidoro Valentino Ferlin se casou com Maria Serafini em 10 de fevereiro de 1913 em Caxias do Sul, Nova Pádua, no entanto, já estavam juntos desde 1895 aproximadamente.

Maria Tereza Serafin nasceu em 22 de abril de 1878 na cidade de Castelfranco Veneto, também na província de Treviso. Imigrou para o Brasil com seus pais Giovanni Serafin e Caterina Santi.

Giovanni Serafin nasceu 12 de março de 1843 em Galiera Veneta, província de Padova filho de Filippo e Tereza Beghin, falecido no Brasil antes de 1913. Caterina Santi nasceu em 1850 em San Martino di Lupari, Padova, filha de David Santi e Angela Antonia Barichello. Se casaram em Castelo di Godego em 29.11.1871. Caterina Santi faleceu em 23 de abril de 1921 em Antonio Prado, RS. Além de Maria Tereza Serafin são filhos do casal :

Davide Serafin , nascido em 03.01.1882, Castelfranco Veneto

Giuseppe Serafin nascido em 22.10.1883, San Martino di Lupari

Mansueto Antonio Serafin, nasc. 18.06.1886, San Martino di Lupari

Antonio Serafin nascido em 08.12.1895, Caxias do sul

Amalia Serafin, nascido em 09.04.1893, Caxias do sul

Rinaldo Antonio Serafin, nascido em 08.01.1896, Caxias do sul

Joanna Serafin, nascida em 10.04.1890, Caxias do sul

O casamento civil de Isidoro Valentino Ferlin e Maria Serafin foi registrado em Caxias do Sul, Nova Pádua, no Cartório de Registro Civil de Caxias do Sul. À época ela tinha 35 e ele 46 anos de idade.

Isidoro Valentino Ferlin teve muitos filhos com Maria Sarafin são eles :

Malia Ferlin a filha mais velha.Não obtive mais notícias.

Pierina Ferlin nascida em 1899 foi casada com Florindo Pertile

Giudita Catherina Ferlin nascida em 21.10.1900 em Flores da Cunha, Caxias do sul se casou com Giordano Gervasio Rigo, nascido em 12 de outubro de 1900 em Alfredo Chaves (hoje Veranópolis) filho dos italianos Giovanni Battista Rigo e Filodel Fosca, ambos naturais da Itália. O casamento civil aconteceu em 23 de abril de 1932 em Marau, RS. Giudita Catterina Ferlin faleceu em Taboão da Serra, SP em 1990. Ela é bisavó deste que vos escreve. Deste casamento nasceram os filhos :

Luis Valentin Rigo, nascido em 1926 em Marau

Maria Terezina Rigo[8] nascida em 29.07.1928 em Marau

Olimpia Maria Rigo, nascida e falecida em 1932

Olimpia Maria Rigo nascida em ca. 1934 em Marau

---

[8] Minha avó que foi casada com Euclides Antonio Fappi, ambos falecidos.

Giulia Ferlin nascida em 21 de abril de 1908 Cerro Largo, Caxias do sul se casou com Orelio Rigo, irmão de Giordano Gervasio Rigo, marido de Giuditta Ferlin. O casamento aconteceu em 24 de setembro de 1938 e deste casamento nasceu uma única filha que se chama Leonilda Rigo, hoje residente em Caçador, SC.

Pietro Ferlin nascido em 07.10.1910 Cerro Largo, Caxias do sul faleceu em Junho de 1965 em Santa Catarina. Foi casado com Verginia Lorenzetti, nascida em 18.04.1906 em Guaporé e falecida em julho de 1965 em São Miguel do Oeste. O casamento dele aconteceu em 18.10.1930 em Marau. Tiveram ao todo oito filhos, são eles.

Amadeo Ferlin

Inês Ferlin

Realdo Ferlin

Olpiano nascido em 23.04.1937 em Mondaí, SC.

Noeli Ferlin

Idalina Ferlin

Selito Ferlin

Luis Ferlin

Antonio Ferlin nascido em 1907, falecido em Xaxim, SC, foi casado com Maria Casa, ela falecida em Joaçaba no ano 2000. Tiveram o filho Eduardo Ferlin, nascido em 21.07.1929 em Marau, RS.

Luis Ferlin nascido em 1905 foi casado com Catharina Moro. Tiveram filhos dos quais tenho notícia de apenas um de nome Domingos Ferlin.

João Ferlin nascido em 25 de agosto de 1902, Nova Pádua

Irineu Ferlin nascido em 1916, no Rio Grande do Sul faleceu em 15.12.1941 em Videira, SC. Trabalhava como guarda-livros. Faleceu de miocardite. Era casado com Leonilda Ferlin e deixou duas filhas de nome Maria Lucia Ferlin e Odette Ferlin.

Luiza Ferlin se casou com Luis Gaviolli. Deste casamento nasceram os filhos José Luis, Oscar, Mirian e Jorge Gaviolli.

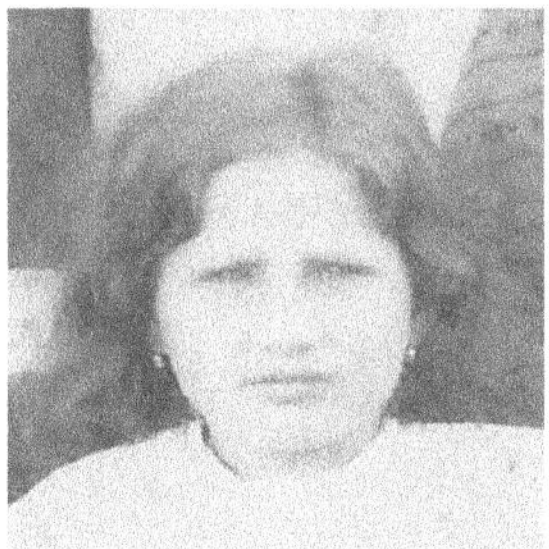

Rosa Ferlin a filha caçula, se casou com Otto Lessing, ele natural da Alemanha, nascido em 12.07.1920 em Slotwiny, hoje território polonês. Deste casamento nasceram os filhos

Maria Ignes Lessing

Paulo Cesar Lessing

Maria Hilda Lessing

Mirian Leda Lessing

Otto Rober Lessing

Mara Rosana Lessing

Marco Antonio Lessing

Maria Margareth Lessing

Pe. Giusseppe Ferlin nascido em 25.02.1898 Cerro Largo, Caxias do sul ordenou-se padre e por este motivo falarei dele mais adiante uma vez que ele teve uma marcante atividade como pároco de Monte Belo do Sul.

Valentino Ferlin e Maria Sarafini com seus filhos. Marau, RS. ca.1930

Valentino Ferlin e Maria Sarafini com seus filhos. ca.1915, Caxias do Sul.

Maria Tereza Serafini esposa de Isidoro Valentino Ferlin ca. 1930

E como toda família não é feita só de acontecimentos felizes, logo as despedidas foram acontecendo. No dia 27 de setembro de 1937, faleceu em sua casa, vítima da pneumonia, com 70 anos de idade, Isidoro Valentino Ferlin. Sua morte envolveu muitas pessoas da comunidade pois ele era uma pessoa popular, afinal, era pai de um padre, ainda novo, mas que é lembrado até hoje em muitas comunidades gaúchas.

Valentino foi velado em sua própria casa, junto da família e sob as preces de seu filho padre. Foi enterrado no cemitério de Marau. Como era um costume naquela época, temos fotografias de seu velório, como veremos a seguir. Observe que nas fotos vemos a esposa e filhos.

Velório de Valentino Ferlin, rodeado por amigos e parentes. Marau. RS. 1937

Velório de Valentino Ferlin. 1937. Nesta foto à esquerda está a esposa e as filhas e à direita os filhos homens. Marau. 1937

Maria Tereza Serafin

Agora sem o marido Maria Serafin foi viver com seu filho solteiro o Pe. Giusseppe Ferlin. Seu filho padre foi ordenado sacerdote em 10 de agosto de 1924 e em 1925 foi ordenado vigário na paróquia de Santa Tereza, distrito de Bento Gonçalves. Com ele foi viver nesta colônia italiana. Em 1932 ela e o filho padre mudaram de comunidade e passaram a viver em Monte Bello do Sul, também distrito de Bento Gonçalves, onde o filho iria exercer sua função de padre.

Em Monte Belo do Sul, distante poucos minutos de Santa Tereza, Maria Serafin se estabeleceu e ali ficou. Nos anos da II Guerra Mundial sofreu muito por ser proibida de falar sua língua materna, o italiano. Contaram-me que em um trem, sentido Caxias do Sul, um brasileiro a repreendeu por ela falar italiano em espaço público e ela logo retrucou *"eu dei mais de dez filhos para o Brasil e é desta maneira que você me agradece ? falo italiano onde eu quiser"*.

Esta é uma versão aproximada da história, pois ninguém sabe exatamente o que ela disse ao tal homem, apenas sabemos que ele se calou e se foi.

Maria Serafin era uma mulher muito católica, como a grande maioria dos imigrantes italianos daquele tempo e se dedicava inteiramente a comunidade com muito empenho. Até hoje ela é lembrada em Monte Belo do Sul. Ela viveu bastante, conheceu netos e bisnetos. Faleceu em sua casa, em Monte Bello do Sul, nos braços de seu filho padre, que assim descreveu a morte da mãe :

No dia três de dezembro de 1965, faleceu nos braços de seu filho sacerdote, confortada com os santos sacramentos da igreja. As quatro horas da tarde, depois de longo sofrer, Maria, com oitenta e sete anos e sete meses de idade, filha de João Serafin e Joana Santi, nascida em Castelfranco, província de Treviso, Itália, viúva de Valentino Ferlin, deixando 8 filhos, inclusive o que escreve este termo. No dia seguinte, 24 horas depois do falecimento, isto é, dia 04, com a presença dos sacerdotes Rui Lorenzi, vigário de Cristo Rei e Enio Tarrasconi,   vigário de Carlos Barbosa e de grande multidão de fieis, estando a igreja matriz literal- mente tomada, foi celebrada Missa de corpo presente, e sepultada no cemitério desta vila. E para constar lavrei este termo que assino. Pe. José Ferlin – o Vigário [9]

Padre José Ferlin – ca. 1935

---

[9] Mario Notari. Padre José Ferlin. Monte Bello do Sul. Ed. Paróquia. 2010. Pag. 129.

Padre Ferlin e sua mãe Maria Serafin. ca. 1940

Tiago Fappi no túmulo de sua Trisavô, Maria Serafin. 2010.

Pe. Giuseppe Ferlin

Dos filhos de Isidoro Valentino Ferlin e Maria Serafin, sem sombra de dúvidas, o mais ilustre é Pe. José Ferlin. Ele nasceu no dia 25 de fevereiro de 1898 em Nova Pádua, Flores da Cunha, RS. Fez seus estudos no seminário de São Leopoldo, onde foi ordenado sacerdote em 10 de agosto de 1924. Celebrou sua primeira missa em 15 de agosto do mesmo ano, na igreja Divino Redentor, município de Marau. Em 1925 foi vigário na paróquia de Santa Tereza, em Bento Gonçalves, onde iniciou a construção de uma torre que foi concluída por seu sucessor. Em 24 de janeiro tomou posse na paróquia de Monte Belo, sendo sua provisão lida pelo seu antecessor, Pe. Luiz Simonaggio. Desde logo o Pe. Ferlin iniciou os trabalhos na nova comunidade, celebrando alguns meses depois a primeira comunhão de 129 crianças. Logo em seguida visitou e ministrou benção a todas as residências de Monte Belo, num total de 395. Em 14 de agosto de 1949, grandes solenidades comemoravam o jubileu de seu sacerdote – 25 anos.

Realizou a construção do salão paroquial, o cemitério, capelas no interior do distrito e a majestosa Igreja Matriz, que foi inaugurada em 17 de janeiro de 1965. Estiveram presentes militares, o governador do Estado, políticos, religiosos e toda a comunidade. Na ocasião o governador do Estado lhe entregou o título de cidadão Bento-gonçalvense.

Foto da Igreja Matriz de Monte Bello do Sul.

Torre construída em Santa Tereza, iniciada pelo Pe.Ferlin

Lembrança da ordenação sacerdotal no seminário provincial de São Leopoldo e primeira missa realizada pelo Pe. Ferlin em 10.08.1924 em Marau. O cartão é todo escrito em italiano. 1924, Marau.

Padre Giuseppe Ferlin. RS. 1930 aprox. Em Monte Belo

Após dirigir os destinos da paróquia por 36 anos, os últimos já bastante enfermo, Pe. Ferlin faleceu em 12 de janeiro de 1968, sendo sepultado com grande acompanhamento no cemitério de Monte Belo do

Sul.[10] Posteriormente foi decidido que o lugar de descanso do padre Ferlin seria na igreja que tanto batalhou para construir. Hoje ele está sepultado dentro da Igreja.

Cartão de recordação da transladação dos restos mortais do padre José Ferlin para a Igreja Matriz de Monte Bello. 02.02.1975.

O tio padre, como é conhecido entre nós da família, até hoje é lembrado em muitas cidades do sul do Brasil. Há quem acredite que ele faz milagres e há aqueles que querem que ele vire oficialmente Santo.

A repercussão é tal que em 2010, com a iniciativa do grande Mario Notari, e com apoio da comunidade de Monte Bello do Sul, foi finalmente lançado um livro com a história do Pe.Ferlin, livro qual eu ajudei a escrever. Segue abaixo fotos do evento de lançamento.

---

[10] Apud. Jornal O semanário. 1975. de. Mario Notari. Padre José Ferlin. Monte Bello do Sul. Ed. Paróquia. 2010. Pag. 129.

Tiago Fappi com o atual pároco de Monte Belo, Pe. Loris e
Prof. Mario Notari, autor do livro Pe.Ferlin

Imagens de Pe. Ferlin. Monte Belo. 2010

Túmulo Pe.Ferlin dentro da Igreja Matriz em Monte Belo.

Agradecimentos da comunidade ao Pe. Ferlin.

Muitas placas agradecem a milagres alcançados.

Paróquia celebra 120 anos de fundação

A paróquia São Francisco de Assis, de Monte Belo do Sul (RS), está completando 120 anos de história de fé e trabalho. Criada oficialmente no dia 11 de fevereiro de 1889, é uma das mais antigas da diocese de Caxias do Sul. Para comemorar a data, foi organizado um ano celebrativo, com alguns momentos fortes de vida comunitária.

Um dos eventos mais significativos ocorre no dia 4 de outubro, com a festa do padroeiro, São Francisco de Assis. Durante o mês de setembro, a imagem do padroeiro visitou todas as comunidades da paróquia e, nesta quarta 30 iniciou o tríduo, com missas sempre às 20 horas. No domingo 4, missa solene às 10 horas e almoço no Clube 24 de Maio. Integrando as celebrações jubilares, de 7 a 30 de maio os padres saletinos pregaram missões na paróquia.

Atualmente, a paróquia de Monte Belo do Sul é formada por 17 comunidades. Ao longo desses 120 anos, 23 sacerdotes passaram pela paróquia. Alguns deixaram profundas marcas no município, de modo especial padre José Ferlin, que trabalhou na paróquia durante 36 anos (1932-1968) e foi o idealizador da atual igreja matriz.

É importante também a presença das irmãs da congregação do Imaculado Coração de Maria, que estão em Monte Belo do Sul desde 1898. Durante mais de um século elas auxiliaram na educação, através da antiga Escola Sagrada Família, e na evangelização, através da liturgia e da catequese. Atuaram na paróquia 86 religiosas e a casa da congregação em Monte Belo do Sul é a primeira de religiosas da diocese de Caxias do Sul.

Atual matriz de Monte Belo do Sul

✦ DEFESA

Correio Riograndense – Caxias do Sul, 30 de setembro de 2009

A praça principal da cidade de Monte Belo do Sul leva o seu nome.

58

Irineu Ferlin nascido em 1869, Resana, Treviso, filho de Antonio Luigi Ferlin e Giovanna Antonia Bernardi emigrou para o Brasil com seus pais. No Brasil se casou com Virginia Trento, filha de Luigi Trento e Maria Cechetto. O casamento aconteceu em 18 de outubro de 1917 em Marau. Irineu Ferlin faleceu em 06 de novembro de 1941 em Marau, RS.

Deste casamento nasceram os seguintes filhos :

Angelo Ferlin nascido em 1891

Virginio Ferlin nascido em 1893

Pedro Ferlin nascido em 1895

Erina Ferlin nascida em 1898

João Ferlin nascido em 18.08.1903

Antonio Ferlin nascido em 23.04.1904

Maria Luiza Ferlin nascida em 14.06.1906

Luis Ferlin nascido em 15.06.1910

Judith Ferlin

Giovanni (João) Franco Ferlin nascido em ca. 1870, Resana, Treviso, filho de Antonio Luigi Ferlin e Giovanna Antonia Bernardi emigrou para o Brasil com seus pais. Terminou o seminário menor em Pareci e foi estudar em Roma. Não encontrei mais informações

Giuditta Petronila Ferlin nascida em 18.10.1874, Resana, Treviso filha de Antonio Luigi Ferlin e Giovanna Antonia Bernardi emigrou para o Brasil com seus pais. Não encontrei mais informações

Judith Ester Ferlin nascida em 00.03.1885, Caxias - Nova Trento, filha de Antonio Luigi Ferlin e Giovanna Antonia Bernardi, faleceu ainda criança em 16 de fevereiro de 1886.

Rótulo de garrafa de vinho Ferlin. Museu do vinho. Videira. SC

Maria Luiza Ferlin nascida em 23.05.1872, Resana, Treviso filha de Antonio Luigi Ferlin e Giovanna Antonia Bernardi emigrou para o Brasil com seus pais. No Brasil se casou com Domenico Mascarello, sendo ele nascido na Itália em 1866, filho de Francesco e Amalia Rigotti. O casamento aconteceu em 28 de julho de 1891 em Flores da Cunha.

A família Mascarello chegou a migrar para São Paulo e Minas Gerais, no entanto, não se adaptando as novas moradias resolveram retornar a Flores da Cunha. Depois a família se mudou para Porto Alegre onde permaneceu por longos e longos anos.

Domenico Mascarello faleceu em 28 de julho de 1938 e Maria Luiza Ferlin faleceu em 07 de maio 1941. Tiveram muitos filhos, destes três foram padres e duas filhas foram freiras. São filhos do casal :

Ester Mascarello, primeira filha do casal falecida antes de completar um ano de idade.

Antonio Mascarello, nascido em 1894 em Flores da Cunha, casou e teve filhos

Claudio Mascarello nascido em 06.03.1897 em Flores da Cunha

Luis Mascarello, foi vigário de Nossa Senhora do Amparo, Cascadura, Rio de Janeiro

Angela Mascarello

Judith Mascarello entrou para o convento das irmãs de São José em Garibaldi

Amalia Benvenuta Mascarello, entrou para o convento das irmãs de São José em Garibaldi

Irineu Mascarello, ordenou-se padre.

Esther Petronilla Mascarello, casou-se e teve filhos

João André Mascarello, ordenou-se padre

Inês Rosa Mascarello entrou para o convento das irmãs de São José em Garibaldi

Pe. Claudio Mascarello

Claudio Mascarello é um personagem muito importante para a história da família Ferlin. Afim de homenagear sua mãe falecida em 1941 o já padre Claudio Mascarello escreveu um livro intitulado "Mãe Exemplar", tendo sua primeira edição publicada em 1954 e a segunda após sua morte em 1974, ambas pela Edições Paulinas. Neste livro Claudio Mascarello descreve muitos momentos da história de sua mãe e avós Ferlin, o que fez com que chegasse a nós informações que sem este pequeno livro, certamente, teriam se perdido no tempo.

Claudio Mascarello nasceu em Flores da Cunha em data de 06.03.1897 e foi com a família para Porto Alegre. Alguns de seus irmãos e irmãs entraram para o seminário e ele enfim se decidiu pela vida religiosa. Não quis ficar em Porto Alegre indo estudar, no ano de 1909, no seminário de Pareci. Lá se encontrou com seu primo José Ferlin. Em 1917 entra para a Companhia de Jesus. Sua primeira missa aconteceu em 1926.

Assim o jornal "Correio do Povo" de Porto Alegre noticiou a sua morte em 14 de junho de 1974.

O Padre Ferroviário

Faleceu em Santa Maria, aos 77 anos de idade, o padre Cláudio Mascarello, conhecido como o "padre Ferroviário", jesuíta que desde 1937 trabalhava com grande dedicação no atendimento escolar, religioso e assistencial a milhares de ferroviários, aos quais conhecia pessoalmente, ao longo da ferrovia. Fiscalizando as escolas por ele fundadas, estava sempre viajando. Deslocava-se tanto, que, brincando costumava dizer que "usava 300 camas por ano", muitas vezes, inclusive, o próprio poncho, de que nunca se separava no inverno e que estendia até numa sala de aula. O padre Mascarello nasceu em Flores da Cunha a 06 de março de 1897. Era irmão de três sacerdotes seculares, sendo um deles vigário da igreja do

Sagrado Coração de Jesus, nesta capital, bem como de três religiosas, irmãs de caridade. Faleceu em Santa Maria após uma semana de hospitalização e as exéquias foram realizadas com missa concelebrada por Don Ivo Lorscheiter e 11 sacerdotes, na cripta do Santuário de Nossa Senhora Medianeira, seguindo-se o sepultamento, com uma grande presença de amigos do conhecido e estimado sacerdote. [11]

Foto do túmulo do Pe. Claudio Mascarello. São Leopoldo. RS

---

[11] - Informações retiradas do livro "Mãe exemplar" do Pe. Claudio Mascarello.

Família Mascarello reunida com o primo Pe. José Ferlin. O padre José Ferlin é a terceira pessoa na fileira de trás, da esquerda para a direita. Foto do livro citado.

Fotografias

Gostaria de fazer uma reflexão sobre esta fotografia que pode ser vista em formato maior na página 27 deste livro. Nesta foto vemos reunidos a família Ferlin com todos os filhos, netos e bisnetos. Meus bisavós estão ao fundo, bem como Pierina, Luis, e outros filhos de Valentino Ferlin e Maria Serafin.

Como sabemos, Antonio Ferlin teve 4 filhos homens (Isidoro, Luigi, Irineu e João) e 2 filhas mulheres, Giudita e Maria Luiza (Judith Ester faleceu ainda criança) vivos. Desta forma, portanto, eu poderia supor que as quatro pessoas na foto anterior seriam o quatro irmãos, ou seja, Giudita Petronilla, Luigi Benvenuto, Irineu e Valentino Ferlin.

Revirando os álbuns de foto da minha avó (infelizmente já falecida) encontrei esta fotografia abaixo. Conversando com ela à respeito ela me disse se lembrar que esta pessoa é um tio de sua mãe e que pertencia a família Ferlin. Observando a fotografia anterior, aquela em que destaquei quatro pessoas, eu poderia supor que se trata da segunda pessoa da esquerda para a direita. Luigi Benvenuto ? Irineu Ferlin ? Uma pergunta difícil de responder.

Rosa Ferlin e Irineu Ferlin, filhos de Valentino Ferlin e Maria Serafin

Brasão da família Ferlin da França

Encontro da família Ferlin em Santa Catarina. Postado no facebook por Edson Pedro Ferlin

**Outras famílias Ferlin

do século XIX e XVIII]**

Revirando a documentação existente do período de ocupação napoleônico na Itália (a documentação abrange os anos de 1806 a 1815) da região de Treviso, Resana, Castelfranco e entorno, pude encontrar alguns traços de famílias Ferlin que podem ter ligação conosco.

Entre estas famílias uma delas chama a atenção. Se trata de Francesco Ferlin, nascido por volta de 1784 filho de Giacomo Ferlin e Angela "Ghedina". Sendo ele nascido em Resana, mesma cidade da nossa família. Pela faixa etária e localização dos registros, eu posso supor que seja um irmão de Giovanni Ferlin (nascido por volta de 1794). No entanto, me faltam documentos que comprovem essa ligação. Para estabelecer esse parentesco seria necessário descobrir o nome dos pais de Giovanni Ferlin e assim, desta forma, conseguir avançar mais na genealogia da nossa família.

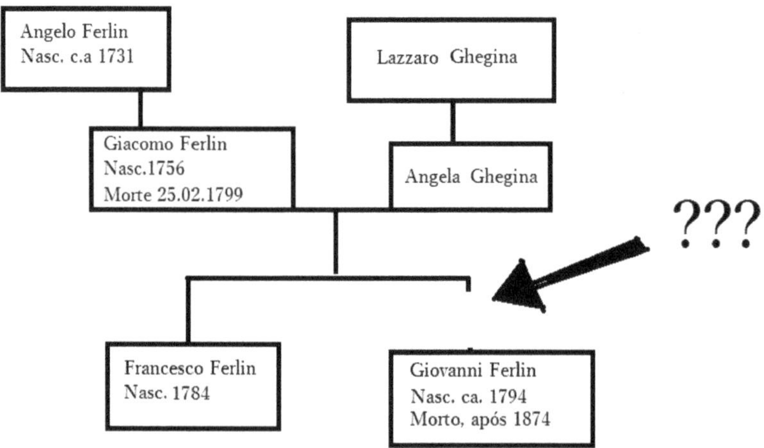

Aqui neste gráfico eu apresento a genealogia deste Francesco Ferlin e como poderíamos avançar se eu conseguisse provar o parentesco entre eles. Para tal é preciso aprofundar a pesquisa na paróquia de Resana, no entanto essa pesquisa só pode se dar visitando o local uma vez que o pároco não está disposto a me ajudar.

Outro registro interessante me foi enviado por uma amiga italiana, Francesca Bortolanza, que é historiadora e que mora em Castelfranco Veneto. Ela, certa vez, foi fazer uma pesquisa em Pieve, uma outra paróquia de Castelfranco, e encontrou o registro de batismo de um Pietro Ferlin realizado em 1727. Ela me enviou uma foto que reproduzo abaixo.

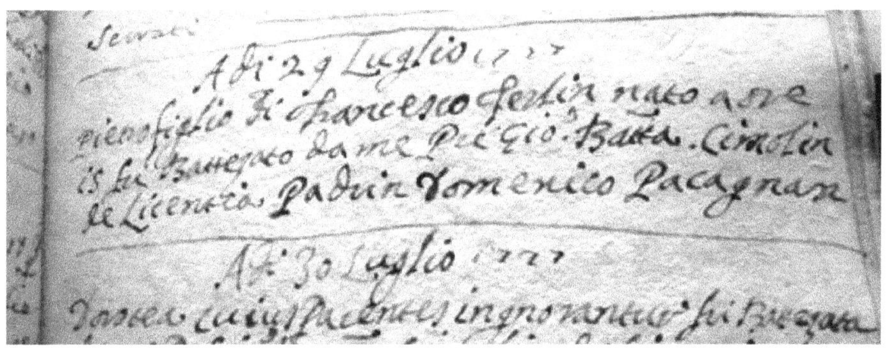

O texto resumido diz: Aos dias 24 de julho 1727. Pietro filho de Francesco Ferlin nascido as 8 horas foi batizado por mim padre Gio. Battista

A História de Resana

Brasão da cidade de Resana

Fonte : Wikipedia

A História de Resana
Pela associação Pró-loco Resana

As origens históricas são incertas e difíceis de localizar ao longo do tempo. A descoberta em Resana e em centros vizinhos de achados arqueológicos da era paleovetiana, no entanto, sugere que os assentamentos humanos existiam desde então.

É na aldeia de Castelminio, perto do "motte" (aterros de tamanho modesto, ainda parcialmente existente) que, durante a lavra, são descobertos fragmentos de grandes vasos de material cerâmico, certamente da época pré-romana.

Os "motte" eram os locais escolhidos para o estabelecimento de grupos humanos em tempos muito remotos; esse achado dá apoio, portanto, a hipótese da presença do homem desde a era paleovetética. (A área foi afetada por uma recente campanha de escavação que confirmou a presença de achados de considerável interesse histórico).

Foi justamente a proximidade do antigo curso de Muson e as próprias características da região, úmida, rica em nascentes e locais arborizados (ainda existem alguns topônimos: via Boscalto, via Boschi, loc. Prai, Via Palù, via Baixo) que ofereceram as condições ambientais desejáveis pelas populações pré-romanas dedicadas à vida rural para se instalarem no local.

De um período certamente romano existem ainda achados arqueológicos (hidria e ânforas, geralmente usadas para transportar petróleo, vinho e trigo) encontrados ao longo de algumas pistas do país, também em Castelminio. A chegada a essas terras dos romanos, que trouxeram consigo diferentes hábitos e necessidades, mudou radicalmente a estrutura do território. Em Resana, traços evidentes de centuriação romana são até hoje preservados.

O importante eixo da estrada consular Aurelia (de C. Aurelio Cotta, 75 aC), que ligava o antigo Patavium (Pádua) a Acelum (Asolo), remonta ao tempo dos romanos. Resana ainda tem trechos curtos de paralelepípedos (via Antica Loreggia). A Via Aurelia representava o número máximo de trajes ortogonais ao máximo decumanus, consistindo na Via Postumia (construída por volta de 148 aC), que se estendia ao norte de Resana, outro importante eixo rodoviário que ligava todo o norte da Itália, conectando Gênova a Aquileia. . Como resultado da centuriação realizada pelos romanos, o assentamento humano tornou-se mais consistente, com intervenções de desmatamento e recuperação que modificaram radicalmente o território, recuperando-o do cultivo.

Em Resana, no local atual "al Gallo", a Via Aurelia, vinda do atual Asolo, mudou de direção levemente, virando a oeste para chegar a Pádua, e estudiosos dizem que foi nessa área que os primeiros grupos chegaram a se estabelecer. Embora não existam restos de qualquer espécie, vários documentos históricos falam de um castelo (e igreja) de Resana (Castelier, hoje Castellari) e do castelo "Brusaporco" (daí o nome atual de Castelminio) .

Após a queda do Império Romano, o destino de Resana se juntou ao da Castellana. A área é afetada pela descida de populações estrangeiras do nordeste ("bárbaros").

Mais seguras são as informações históricas sobre Resana do século XI, encontradas principalmente em documentos dos arquivos da Cúria

Episcopal. O "ville" (o termo usado para se referir aos países da época) de Resana e Brusaporco é frequentemente mencionado em documentos episcopais. Interessante é um elemento contido na bula papal de 1152, da qual resulta que o bispo de Treviso possuía o "Castrum de Resana, cum villa et foresto, et omnibus pertinentiis suis" (o castelo, a vila e todas as adjacências). Castelo que era a residência de verão do bispo.

Este é um fato importante e único na região de Treviso, que deu grande importância às propriedades em Resana devido ao interesse econômico derivado dela. Castelminio tem um papel semelhante, que apesar de carecer de "foresto", foi importante por sua posição geográfica estratégica e pela própria natureza da terra, rica em água, áreas arborizadas e outras muito férteis.

O bispo de Treviso é investido nessas posses do poder do "duque", com plena jurisdição, e em Castelminio ele envia seu representante, escolhido na casa dos Tempestas. Em Castelminio, a família Marta também viveu (a "Casa Marta" ainda existe), que chegaram da Alemanha por volta de 1014, juntamente com os Tempestas. A família Marta escolheu o porco (ou javali) como seu emblema.

O castelo de Brusaporco foi destruído por volta de 1325, após a conspiração contra a cidade de Treviso, implementada por Artico Tempesta. Numerosos documentos relatam a sucessão cronológica dos proprietários da "villa de Resana" e do "castello de Brusaporco" e seus "feudos".

A queda do município de Treviso e o advento do senhorio veneziano (1339) não trouxeram mudanças imediatas para Resana. O censo do ' sec. XVI permite encontrar em Resana a primeira presença de nobres venezianos que possuíam posses (terras e casas). Rotas de comunicação e características do território, com acentuada propensão agrícola, acompanharam o desenvolvimento de Resana pelos séculos seguintes.

Nas épocas seguintes (Napoleão, Áustria, Reino da Itália), Resana confirmou a peculiaridade de um país agrícola. Tornou-se um município pertencente ao distrito de Castelfranco, com um decreto napoleônico de 22 de dezembro de 1807; No entanto alcançou seu formato atual, incluindo as aldeias de Castelminio e S. Marco, apenas com o Reino da Itália em 1866.

No início do século XX, dois fenômenos são dignos de menção: o início de uma forte emigração (especialmente para Argentina, Brasil, Austrália) e o estabelecimento de duas associações locais, nascidas da reconhecida necessidade de agregação social: a "Sociedade de Ajuda Mútua" entre camponeses e trabalhadores (1904) e, posteriormente, o "Sindicato Profissional Resanese do Sindicato dos Trabalhadores da Terra de Veneto" (1912). Nesta história, da qual se pode interpretar condições econômicas de grande dificuldade e, portanto, a necessidade de "união", Resana se une à Loreggia, cidade próxima, onde vivia uma pessoa de grande interesse, como Leone Wollemborg.

Em novembro de 1908, foi inaugurada a linha ferroviária Venezia Bassano, com uma estação também em Resana, uma iniciativa favorecida pelo nobre Ernesto di Broglio, então ministro do Reino, junto com Wollemborg.

No final da primeira guerra mundial, o país se viu ainda mais enfraquecido em seus recursos; as chances de recuperação eram mínimas e aos jovens restava apenas a escolha amarga da emigração. Ainda era a América Latina que servia de lembrete, mas também a França, a Bélgica e, para ocupações agrícolas sazonais, a Lombardia e o Piemonte – eram estes os locais mais próximos para a emigração dos Resanesi.

Enquanto isso, Castelfranco, nas proximidades, vivia um momento feliz com suas indústrias de transformação, oferecendo também oportunidades para os Resanesi. Um período adicional de forte emigração ocorreu especialmente na década de 1950 a 1960, em que houve uma diminuição substancial no número de habitantes.

Austrália, Canadá, Argentina, França, Suíça, Bélgica foram os países de destino. Mas pode-se dizer que não há país no mundo que não tenha hospedado Resanesi em busca de redenção.

Somente depois de 1960 (como resultado de algumas situações de crise que atingiram a grande indústria manufatureira do centro de castellano) é que a Resana viu as perspectivas se abrirem para o seu próprio desenvolvimento artesanal e industrial. O fenômeno foi acentuado a partir de 1970, com o início de um período verdadeiramente surpreendente de vivacidade empresarial (75% das empresas atuais se originaram após 1975).

Nesta fase de desenvolvimento, as empresas se espalham por todo o território; muitos edifícios rurais tornaram-se oficinas artesanais e em vários pontos do território importantes atividades industriais foram estabelecidas, dando lugar a uma rápida recuperação econômica. Os setores são os mais diversos, com predominância no artesanato do setor de construção (pedreiros e pintores, mas também atividades relacionadas à construção, como engenharia de instalações elétricas e hidrotérmicassanitárias, carpintaria); o setor viu a consolidação de empresas líderes em nível nacional e até internacional (lustres, marcenaria, química, publicação, cortadores de grama, móveis de rua, termo-hidráulica, edição e impressão) que oferecem oportunidades de emprego não apenas para os residentes, mas também para residentes em centros vizinhos. Do ponto de vista estatístico, Resana é um dos municípios da província de Treviso, onde a relação entre habitantes e empresas é maior: uma atividade produtiva para cada 12 habitantes. Somente no setor artesanal, em 31 de dezembro 2000 existiam 310 empresas.

Nos últimos anos, a atividade comercial também teve um forte impulso, devido à presença de rotas de tráfego muito importantes, que, além da local, garantem uma clientela vinda de fora. Além de pequenas estruturas, também foram desenvolvidos grandes pontos de venda (roupas, calçados, alimentos), atraindo sua atenção para uma área de captação muito grande. Durante o desenvolvimento das atividades produtivas, a agricultura permaneceu apenas uma atividade residual e praticada por poucos; nos últimos anos, no entanto, também houve uma recuperação nesse setor, principalmente devido ao surgimento de culturas especializadas, hortaliças (radicchio, aspargos, culturas orgânicas), em particular, que oferecem boas perspectivas de lucro.

Interessante é o papel das associações com a presença de associações espontâneas que abrangem praticamente todos os setores: social, esportivo, recreativo e cultural. Muitas associações têm uma matriz cristã ou são inspiradas no princípio da solidariedade humana (SCOUTS - ACR - AVIS - AIDO -ANSPI - SCHOLAE CANTORUM), outras operam em setores específicos (grupos culturais e esportivos) de forma contínua, outras ainda, especialmente no setor de recreação , encarregue-se de organizar iniciativas e eventos que ofereçam oportunidades de encontro e solidariedade entre os cidadãos.

Mais animada é a atividade cultural, tanto pelas iniciativas realizadas pela Administração Municipal como pelas de vários grupos locais. O Centro Cultural, que há anos realiza intensa atividade de exposição (pintura, escultura, fotografia, etc.), é um ponto de referência fixo para os amantes da arte.

Fonte: http://proloco.prolocoresana.it

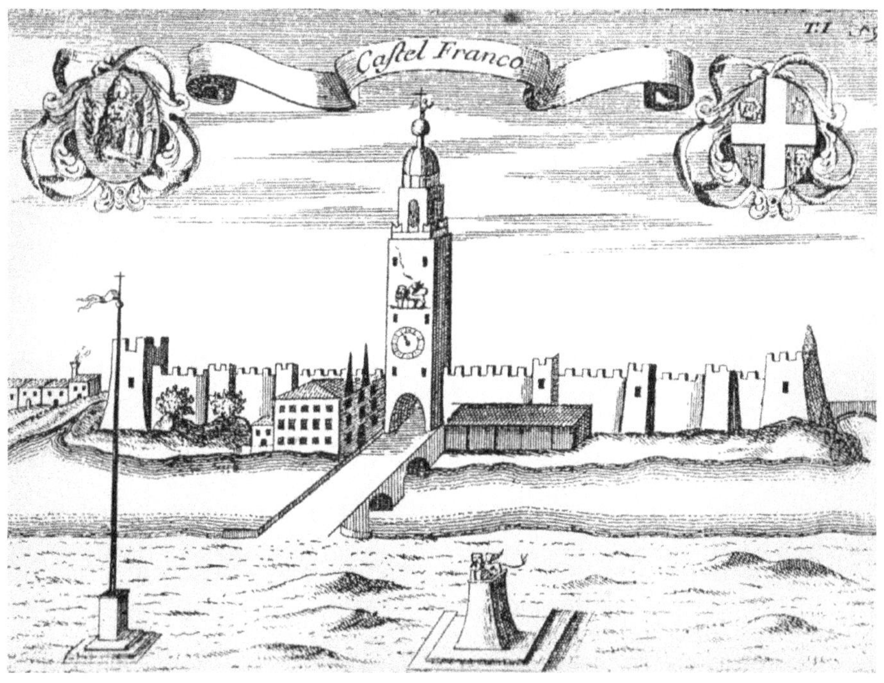

Castelfranco Veneto por volta de 1800. Fonte : http://www.hotelallatorre.it

Os muros de Castelfranco Veneto. ca. 1900. Fonte : http://www.hotelallatorre.it

Os muros de Castelfranco Veneto. Foto Tiago Fappi

Entrada de Castelfranco Veneto. Foto Tiago Fappi

Nova Pádua e Flores da Cunha

A colonização da região inicia-se em 1886, com a chegada de imigrantes italianos do Vêneto, na Itália. No início de 1886, sete famílias do Vêneto chegaram no Rio Grande do Sul para habitar a 16ª Légua do Campo dos Bugres, hoje Nova Pádua. Eram as famílias de Francisco Mantovani, comerciante; Carlos Montavani, seu irmão e professor; João Zanini, ferreiro; Pedro Sartor, Francisco Menegat, Pascoal Pauleti e Pedro Menegat, estes agricultores.

Já em 1890, todas as 307 colônias estavam tomadas por imigrantes que fugiam da miséria que assolava a pátria-mãe, a Itália. Todos provinham das várias cidades da província do Vêneto, e vinham para buscar o seu desenvolvimento, vinham para vencer. Em 2 de julho de 1888 tiveram a primeira missa, rezada pelo Padre Alexandre Pelegrini. Em 7 de junho de 1890 foi benta a imagem de Santo Antônio de Nova Pádua e, desde então, a 16ª Légua tomou o nome de Nova Pádua.

Em 27 de dezembro de 1892, Nova Pádua recebeu seu primeiro padre na pessoa do padre Giuseppe Candido Dalmazzi. Devido ao seu rápido desenvolvimento, Nova Pádua foi promovida a 4º Distrito de Caxias do Sul, no dia 13 de abril de 1904, pertencendo a esse município até 1926, quando foi incorporada ao novo município de Nova Trento-Flores da Cunha. Como distrito deste município, Nova Pádua conseguiu melhorias como escolas, estradas, pontes e eletrificação rural.

Em 10 de novembro de 1991, a população de Nova Pádua decidiu se emancipar através de plebiscito. Sua criação como município foi decretada em 20 de março de 1992, pelo então governador Alceu de Deus Collares. [12]

Lote rural do imigrante Italo Massotti em Caxias do Sul, fim do século XIX.
Fonte : Wikipedia

Caxias do Sul

Ao longo de sua história, Caxias já foi conhecida como Campo dos Bugres (até 1877), Colônia de Caxias (1877-1884) e Santa Teresa de Caxias (1884-1890). A cidade foi erguida onde o Planalto de Vacaria começa a se fragmentar em vários vales, sulcados por pequenos cursos de água, com o

---

[12] - Fonte : Wikipedia

resultado de ter uma topografia bastante acidentada na sua parte sul. A área era habitada por índios caigangues desde tempos imemoriais, mas estes foram desalojados violentamente pelos chamados "bugreiros" abrindo espaço, no fim do século XIX, para que o governo do Império do Brasil decidisse colonizar a região com uma população europeia. Desta forma, milhares de imigrantes, em sua maioria italianos da região do Vêneto, mas com alguns integrantes de outras origens como alemães, franceses, espanhóis e polacos, cruzaram o mar e subiram a Serra Gaúcha, desbravando uma área ainda quase inteiramente virgem.

Depois de um início cheio de dificuldades e privações, os imigrantes conseguiram estabelecer uma próspera cidade, com uma economia baseada inicialmente na exploração de produtos agropecuários, com destaque para a uva e o vinho, cujo sucesso se mede na rápida expansão do comércio e da indústria na primeira metade do século XX. Ao mesmo tempo, as raízes rurais e étnicas da comunidade começaram a perder importância relativa no panorama econômico e cultural, à medida que a urbanização avançava, formava-se uma elite urbana ilustrada e a cidade se abria para uma maior integração com o resto do Brasil. Durante o primeiro governo de Getúlio Vargas houve uma séria crise entre os imigrantes e seus primeiros descendentes e o meio brasileiro, quando o nacionalismo foi enfatizado e as manifestações culturais e políticas de raiz étnica estrangeira foram severamente reprimidas. Depois da Segunda Guerra Mundial a situação foi apaziguada, e brasileiros e estrangeiros passaram a trabalhar concordes para o bem comum.

Desde então, a cidade cresceu aceleradamente, multiplicando sua população, atingindo altos índices de desenvolvimento econômico e humano e tornando sua economia uma das mais dinâmicas do Brasil, presente em muitos mercados internacionais. Também sua cultura se internacionalizou, dispondo de várias instituições de ensino superior e apresentando uma significativa vida artística e cultural em suas mais variadas manifestações, ao mesmo tempo em que passava a experimentar problemas típicos de cidades com alta taxa de crescimento, como a poluição, surgimento de favelas e aumento na criminalidade.[13]

Típica casa de colonos italianos. Monte Belo do Sul, RS. Foto: Tiago Fappi

---

[13] Fonte Wikipedia.

O idioma dos imigrantes[14]

A nossa lèngoa el Talian

Ainda que muitas vezes referido, mesmo por seus falantes, como dialeto do italiano (diałeto, dialetto em italiano) o vêneto é uma língua, com notáveis diferenças estruturais em relação ao italiano. Constitui-se do conjunto de dialetos italianos setentrionais falados no Trivêneto (ou Três Venezas: Veneza Tridentina, Veneza Eugânea e Veneza Júlia), que se subdivide em dois subtipos:

- vêneto oriental ou veneziano
- vêneto norte-ocidental ou trentino

Eventualmente, 'vêneto' também pode referir-se ao dialeto de Veneza, que se irradiou por todo o Trivêneto, Ístria e Dalmácia, a partir do século XII, afirmando-se pelo prestígio politico, cultural e linguístico de Veneza. Mas a língua vêneta não se confunde com o veneziano - variante dialetal do vêneto, falada em Veneza. Compare:

---

[14] - Texto retirado do Wikipedia.

Vêneto: Marco el xe drio rivar ("Marco está chegando")

Veneziano: Marco (el) sta rivando

Italiano padrão: Marco sta arrivando

Em 28 de março de 2007, o Conselho Regional do Vêneto reconheceu oficialmente a existência da língua vêneta (Łéngua Vèneta), mediante aprovação, por vasta maioria, da lei sobre a "tutela e valorizzazione della lingua e della cultura veneta", com os votos dos partidos da situação e da oposição.

A língua vêneta também não deve ser confundida com o venético, também chamado de vêneto e que também é uma língua indo-europeia, porém aparentemente sem parentesco (e já extinta) que era falada na região do Vêneto por volta do século VI a.C..

O vêneto falado no sul do Brasil e no Espírito Santo é arcaico quando comparado ao vêneto falado atualmente na Itália, pois é semelhante ao usado no século XIX. Ademais, com o advento da rádio e da televisão, começou uma forte interferência da língua portuguesa no vêneto falado pelos imigrantes no Brasil. Em decorrência, o vêneto brasileiro evoluiu de forma diferente da variedade falada na Itália, uma vez que incorporou itens lexicais do português e se manteve ligado à maneira como era falado no século XIX. Assim, usa-se o termo talian para diferenciar o vêneto falado no Brasil do dialeto vêneto hoje usado na Itália.

Contudo, o talian não é considerado um dialeto crioulo italiano, mas sim uma variante brasileira do dialeto vêneto. O talian falado no Brasil e o vêneto atualmente falado na Itália são o mesmo dialeto e, apesar de ambas as variedades linguísticas terem evoluído de forma diferente e hoje possuírem algumas diferenças, continuam mutuamente inteligíveis.

O talian absorveu, e continua a absorver, diversas influências da língua portuguesa. Hoje, parte do seu vocabulário tem origem no português, se distanciando parcialmente do dialeto vêneto atualmente falado na Itália.[12] Todavia, apesar dos brasileirismos presentes no talian, ele é ainda muito próximo ao dialeto vêneto usado na Itália, sendo ambas as variedades linguísticas inteligíveis.[15]

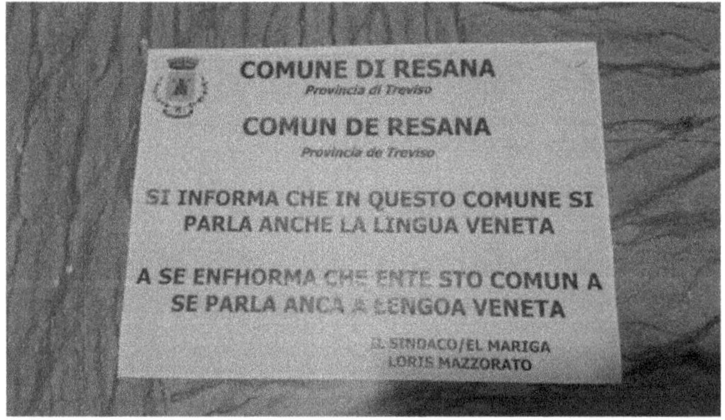

Placa do Comune di Resana que informa que *"nesta cidade se fala também a língua veneta"*. Esta na verdade foi uma iniciativa do ex-prefeito de Resana Loris Mazzoratto (que eu inclusive cheguei a conhecer) que em seu mandato buscou valorizar a cultura veneta e a história da antiga Sereníssima República de Venezia.

---

[15] - Fonte Wikipedia

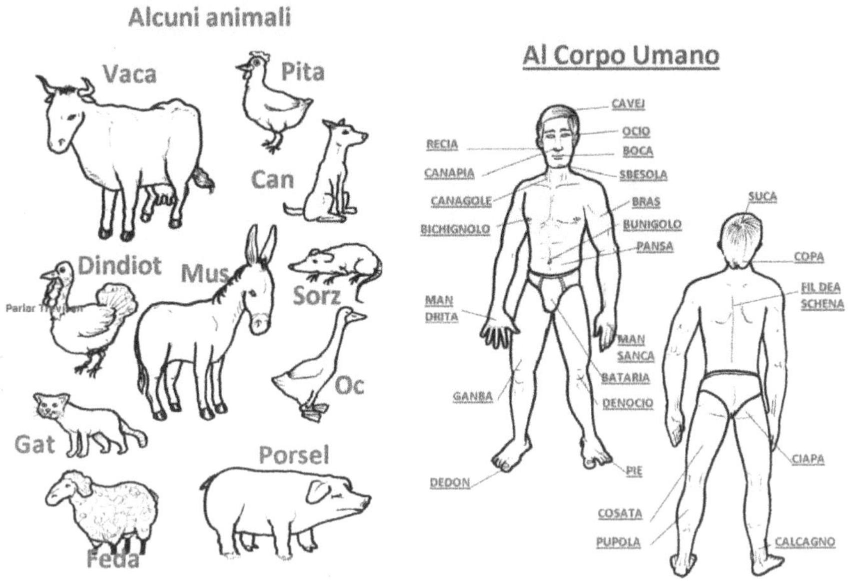

Algumas imagens interessantes que retirei da pagina do Facebook "Parlar Trevisan". Esta página é dedicada a valorização da língua veneta em sua variante própria de Treviso, uma vez que existem certas variações de região a região, por exemplo, existem palavras usadas em Belluno diferentes das de Verona, Treviso e etc.

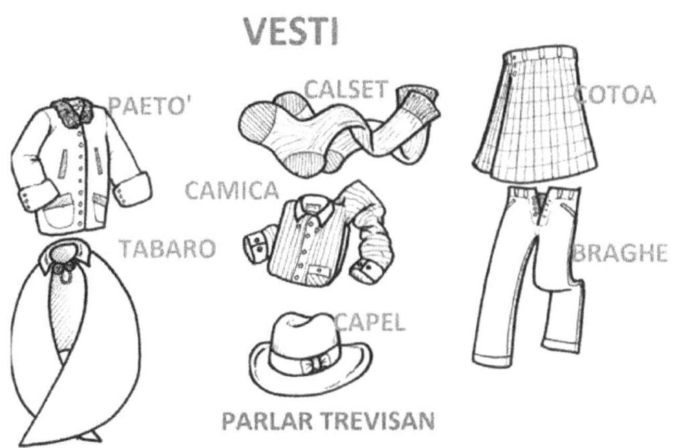

Bandeira da República de Venezia. Hoje o Leão de São Marcos, ou Leone di San Marco, se tornou o símbolo da região do Vêneto.

Brasão oficial da região do Vêneto

Mapa da região do Vêneto, Itália. [16]

[16] https://www.tes.com/lessons/JF9Mg86LbxYAUw/veneto

2019